Edmund Pelikan

Monetäre Demenz?

10 Gebote der Anlegermündigkeit

D1731485

edition**geldschule**

1. Auflage

ISBN 978-3-937853-14-7

© epk media GmbH & Co. KG, Landshut 2012

Gestaltung und Layout:
epk media GmbH & Co. KG
Druck: SOWA GmbH, Warschau, Polen

Die 10 Gebote der Anlegermündigkeit

Vorwort

Monetäre Demenz? Was ist eigentlich damit gemeint?
Studien belegen, dass die Menschen sich nicht gerne mit dem Thema Finanzen auseinandersetzen. Der Autokauf wird zum Event. Da informiert man sich über Drehmoment und Beschleunigung, über Verbrauch und andere Insiderdetails. Und dann wird das Auto nach drei oder vier Jahren wieder erneuert. Wenn es um das Thema Sparen, Versicherung, Altersvorsorge und Geldanlage geht, ist es ähnlich wie beim Zahnarzt – der Patient ist froh, wenn er wieder draußen ist. Die Folge: Die Investoren sind oft ihren Wünschen und Zielen entsprechend falsch aufgestellt. Der Grund liegt meist darin, dass die Anleger selbst wenig oder keine Ahnung über Finanzthemen mitbringen.

Der Normalbürger will über Geld nicht sprechen. Und wenn er einmal rudimentäre Informationen durch Zeitungen oder Fernsehen angesammelt hat, verdrängt er es oder vergisst es wieder, wenn er diese abrufen müsste. Das ist ähnlich wie beim Kochen. Kochsendungen und Kochmagazine tickern derzeit fast inflationär über alle Kanäle. Demgegenüber wird aber der Anteil der Menschen, die bereit sind, sich für ein qualitatives, gesundes Essen eine Stunde in die Küche zu stellen, immer geringer. Regelmäßiges kritisches Zeitungsstudium würde ausreichen, um den monetären gesunden Menschenverstand zu schulen. Der Anleger würde nicht mehr in die Beratungsfalle tappen. Dabei liegt die Betonung auf kritisch. Denn nicht alles, was in den Medien steht, ist richtig. Berichte sind durchzogen mit Public Relations, Alarmismus, ungeeigneten Vergleichen und Pseudostudien. Aber mit nur 15 Minuten pro Tag aufmerksamen und interessierten Querlesen und -hören filtert man selbst dies heraus und bekommt seine Wahrheit. Denn es steht tatsächlich alles geschrieben. Nur das Wo macht ein bisschen Arbeit. Diese Informationen, ergänzt mit dem Austausch Gleichgesinnter, bringen dann konkrete Handlungsempfehlungen.

Das ist mit monetärer Demenz gemeint! Dieses Booklet der Edition Geldschule ist ein Aufruf gegen das monetäre Vergessen und Verdrängen sowie für mehr Anlegermündigkeit.

Ihr

Edmund Pelikan

Einleitung

Mitte Juli 2012 kam ein Sommerinterview in der Welt am Sonntag mit dem CDU-Fraktionsvorsitzenden Volker Kauder. Er äußerte darin, man „habe alles richtig gemacht." Dies meinte er in Bezug auf die Finanzkrise. Und Norbert Lammert, der ansonsten für seinen unkonventionellen und werteorientierten Politikstil bekannt ist, kritisierte Ökonomen, da ihre Lösungsansätze untauglich sind, die Krise zu lösen. Wenn solche Sätze über die Redaktionsticker gehen, können Marktbeobachter derzeit oft nur den Kopf schütteln.

Sehen wir uns die Fakten an: Bereits jetzt hat sich Deutschland mit über 500.000.000.000 EUR - in Worten fünfhundert Milliarden Euro – an Zahlungen, Bürgschaften und aufgelaufenen Salden aus den Target2-Konten der Bundesbank an der europäischen Sanierung beteiligt. Das sind mehr als 6.250 Euro pro Bundesbürger, natürlich auch auf jedes Kind, jeden Rentner oder jeden Arbeitslosen umgelegt. Hinzu kommen noch die zwei Billionen Euro Staatsschulden – eine Zahl mit 12 Nullen, die so ausgeschrieben aussieht: 2.000.000.000.000 - von Bund, Ländern und Gemeinden, was auch pro Bundesbürger nochmals 25.000 Euro Kopfgeld ergibt. Das sind also die tauglichen Lösungsansätze der Politik.

Beschreiben wir doch einmal die große Politik als ein Problem von nebenan:

Stellen Sie sich vor, dass Sie für Ihren Nachbarn, den sie kaum kennen und der schon mal wegen Schummelei erwischt wurde, ein Jahresgehalt verbürgen und sofort mal 10.000 Euro auf den Tisch des Hauses legen müssen. Warum sollten Sie das machen? Weil er in der gleichen Straße wie Sie wohnt? Weil er im Laden um die Ecke einkauft? Selbst wenn man Ihnen erzählt, dass der Laden dann pleite geht, wenn dieser Nachbar nicht mehr dort einkauft, würden Sie es doch aus gesundem Menschenverstand heraus nicht tun. Oder?

Doch, Sie würden es sich vielleicht tatsächlich überlegen, dem Nachbarn beizuspringen, wenn es nicht Ihr persönliches Geld ist, mit dem Sie helfen. Versetzen wir uns in die Lage, dass Sie das Recht hätten, jedem Bürger in Ihrer Stadt einfach 100 Euro an Solidaritätsabgabe abzunehmen. Bei 10.000 Menschen sind das dann 1.000.000 Euro. Dem dicken Bonzen von gegenüber sagen Sie dann noch, dass er statt des Porsches doch auch einen 3er-BMW fahren könne. Aus Solidarität eben! Und Ihrem Nachbarn geben Sie dann großzügig das Darlehen. Ein paar Euro für die aufwendige Verwaltung fallen auch noch für Sie privat dabei ab. Im Grunde ist es dann egal, ob Ihr Nachbar das Geld zurückbezahlt, denn wenn das Geld weg ist, können Sie sich ja wieder Geld von den anderen holen. Es ist ja Ihr Recht, ja sogar Ihre Pflicht, zu helfen!

Lukrativ wird es dann, wenn Sie auch Schulden machen können und keine oder nur wenige Zinsen dafür zahlen müssen. Das ist besonders subtil, da Sie sich das Geld nicht von den jetzt Lebenden holen, sondern von den noch ungeborenen Kindern. Und die können sich noch nicht wehren. Und den heute Lebenden ist es eh egal, es betrifft sie ja heute nicht. Das i-Tüpfelchen ist, dass Sie persönlich durch die Verwaltung der Schulden und die Verteilung des Geldes immer mächtiger werden und jeder, der zukünftig pleite geht, zu Ihnen kommt und um Hilfe bittet. Das tut Ihrer Persönlichkeit unheimlich gut, und Sie werden zum Retter Ihrer Nachbarn. Selbstverständlich werden Sie auch zum Bürgermeister gewählt. Manchmal, wenn Sie wieder Geld eintreiben, murren die Menschen zwar, aber wenn es nicht mehr geht, wissen die Menschen ja, wo sie Geld bekommen können! In kürzester Zeit bekommen deshalb mehr Nachbarn von Ihnen Geld, als welche, die unterm Strich etwas geben müssen. Die Macht ist über die Mehrheit der Nehmenden gesichert.

Glauben Sie, dass Angela Merkel, Philipp Rösler, Sigmar Gabriel oder Claudia Roth persönlich in Höhe eines Jahresgehaltes Griechenlandanleihen kaufen würden? Ein reales Beispiel dafür gab der ehemalige Finanzminister Eichel. Bei einer Aktion des Handelsblatts gab er 2010 werbewirksam bekannt, er zeichne erstmals Griechenlandanleihen. Zwei Jahre später hatte Frank Stocker für einen Weltartikel nachgefragt. Er bekam die Aussage, er habe dann doch nicht gezeichnet, weil die Stückelung nicht passte. Der Journalist Frank Stocker hatte aber selbst gezeichnet und sein Geld mehr oder weniger durch den Schuldenschnitt Griechenlands verloren. Natürlich hatte der griechische Ministerpräsident noch davor bekundet, dass Griechenland jeden Eurocent zurückzahlen wird. So sehen also die tragbaren Lösungen der Politik aus, die alles richtig machen.

Die Lehren daraus sind - sozusagen - die 10 Gebote der Anlegermündigkeit.

10 Gebote der Anlegermündigkeit:

1) Glaube nie der Politik in Sachen Geld!
2) Der Staat schützt nicht Dein Geld, er will es!
3) Umverteilungspolitik wird zur Regel!
4) Viele Wirtschaftstheorien sind widerlegt. Es zählt der gesunde Menschenverstand!
5) Ökonomen denken und publizieren ihre Meinung, entscheiden musst Du selbst!
6) Rating kommt von raten, da die Agenturen in die Vergangenheit blicken!
7) Es gibt keine sichere Geldanlage, nur Streuung schafft eine gewisse Risikodiversifizierung!
8) Es bleibt keinem erspart, sich im Thema Finanzen zu bilden!
9) Kauf nicht, was Du nicht verstehst!
10) Bleibe entspannt, denn Du kannst dich dem System kaum entziehen.

Als kleinen Ausblick sieht man nach Bayern, das gerade gegen den Länderfinanzausgleich klagt. Ein geschickter politischer Schachzug des bayerischen Ministerpräsidenten, der es schafft, zwei Meinungen gleichzeitig zu haben. Wer gegen den Länderfinanzausgleich ist, muss doch noch mehr gegen ESM, gegen Zwangsanleihen und gegen die Belastungen aus Umverteilungspolitik sein. Wie sagte sein Finanzminister Söder so schön: „Wir sind solidarisch, aber blöd sind wir nicht!" Die bayerischen Macher sollten nur achtgeben, dass das nicht auch mal ihre Bürger zu ihnen sagen!

Gebot 1

Glaube nie der Politik in Sachen Geld!

„Die Unwahrheiten liegen oft nicht in dem, was man sagt, sondern in dem, was man nicht sagt."

Ludwig Marcuse (1894-1971), deutscher Literaturhistoriker und Philosoph

Wenn man dieses Gebot so liest, könnte man glauben, es warnt vor der Politik oder gar den Politikern. Das ist mitnichten so. Unwahrheit und Auslassungen sind nun mal Teil des politischen Prozesses. Wer jetzt aufschreit, sollte sich nochmals den Wahlkampf und den Regierungswechsel im Jahre 2005 vor Augen führen. Die Kanzlerkandidatin Angela Merkel wollte ehrliche Themen ansprechen und sagte für einen Wahlsieg der CDU voraus, dass die Mehrwertsteuer um zwei Prozent steigen müsse. Kanzler Schröder hielt dagegen, dass die SPD keine Erhöhung in Betracht ziehen würde. Die Wahrheit ist Geschichte: Merkels CDU gewann hauchdünn und ging in eine große Koalition mit der SPD. Die Mehrwertsteuer wurde um drei Prozent auf nunmehr 19 Prozent erhöht.

Ganz ehrlich: Was lernt ein Politiker aus solch einem Wahlkampf? Er muss doch zum Ergebnis kommen, dass die Wähler belogen werden wollen. Insbesondere in Sachen Geld, da die Menschen Steuererleichterungen und Zuwendungen durch den Staat als Wahlgeschenke lieben. Realsatire ist dann, wenn der damalige Vizekanzler Franz Müntefering der neu gewählten großen Koalition sich in einer Pressekonferenz beklagt, es sei unfair, dass Politiker an den Aussagen des Wahlkampfes gemessen werden – oder so ähnlich.

Wir als Bürger und Anleger müssen die Unwahrheiten erkennen, selbst die nicht ausgesprochenen, um unser Geld so gut wie möglich zu schützen. Hier einige Beispiele, deren Wahrheitsgehalt in nur kurzer Zeit offenkundig wurde:

„Niemand hat die Absicht, eine Mauer zu errichten", erklärte Walter Ulbricht vor 50 Jahren – zwei Monate später wurde West-Berlin hermetisch abgeriegelt. Der Wahrheitsgehalt von Politikeraussagen ist auch heute nicht höher, und da ist nicht nur die Blümsche Behauptung über die Sicherheit der Rente von 1997 gemeint. Das geht auch im neuen Jahrtausend munter weiter und scheint in der Finanzkrise eine besondere Bedeutung bekommen zu haben. Beispiele gefällig:

Eurogruppen-Chef Jean-Claude Juncker hielt am 25. März 2010 fest:

„Ich bin fest davon überzeugt, dass Griechenland diese Hilfe nie wird in Anspruch nehmen müssen, weil das griechische Konsolidierungsprogramm in höchstem Maße glaubwürdig ist."

Im Juli 2012 brennen Griechenlands Staatsfinanzen wieder lichterloh, der IWF will eine weitere Auszahlung von Überbrückungsgeldern einfrieren, und das Konsolidierungsprogamm ist extrem „ins Stocken" geraten.

Ist diese Diskrepanz zwischen Aussage und Wirklichkeit überraschend? Jean-Claude Juncker hilft selbst bei der Einordnung. Auf einer Podiumsdiskussion in Brüssel soll er coram publico am 20. April 2011 gesagt haben:

„Wenn es ernst wird, muss man lügen!"

Bundesfinanzminister Wolfgang Schäuble sagte am 24. Juli 2010:

„Die Rettungsschirme laufen aus. Das haben wir klar vereinbart."

In den Maastricht-Verträgen war klar vereinbart, dass jeder Eurostaat selbst für seine Schulden aufkommt. Soweit zur Einhaltung von Verträgen auf europäischer Ebene. Eine gewisse Lernkurve ist jedoch festzustellen. „Die Welt online" schreibt in einem Beitrag im Juli 2012: Kurz vor der Abstimmung über das zweite Rettungsprogramm für Griechenland im Februar 2012 schickte der Finanzminister Schäuble den Abgeordneten einen Brief, der mit einer Warnung endete:

„Es gibt keine Garantien, dass der eingeschlagene Weg zum Erfolg führt. Es ist möglicherweise auch nicht das letzte Mal, dass sich der Deutsche Bundestag mit Finanzhilfen für Griechenland befassen muss."

Mitte des Jahres 2012 wurde der dauerhafte Rettungsschirm ESM installiert.

Der ehemalige griechische Regierungschef Giorgos Papandreou behauptete noch am 23. März 2011:

„Wir werden jeden Cent zurückzahlen. Deutschland bekommt sein Geld zurück – und zwar mit hohen Zinsen."

Im März 2012 wurde ein Schuldenschnitt bei privaten Gläubigern vorgenommen. An diejenigen, die sich an diesem „freiwilligen" Anleihetausch nicht beteiligen wollten, richtete der damalige griechische Finanzminister Venizelos die Worte, es sei „naiv" zu glauben, sie könnten ihr gesamtes investiertes Geld zurückerhalten.

Natürlich steht die Bundeskanzlerin Angela Merkel im Fokus des medialen Interesses. Sie kann einem fast schon leid tun, aber wer oft was sagen muss, hat nun mal auch eine höhere Trefferquote für blanken gesprochenen Unsinn!

Im Oktober 2008 sagte Angela Merkel, sekundiert von dem damaligen Finanzminister Peer Steinbrück:

„Wir sagen den Sparerinnen und Sparern, dass ihre Einlagen (gemeint waren die Spareinlagen) sicher sind!"

Der Run auf die Banken bleibt trotz Lehman Brothers Pleite und dem Wanken der HRE aus! Was ist aber der Wahrheitsgehalt dieser Aussage?

Eine Bundeskanzlerin sagt vor laufender Kamera aus, dass sie die Steuerkraft und die Vermögen der Bundesbürger dafür einsetzt, Spareinlagen zu garantieren. Die Bürger bürgen für sich selbst. Eine politische Farce. Eine andere Frage ist, woher die Legitimation dafür überhaupt kam. Weder rechtlich noch parlamentarisch war diese Aussage je gedeckt. Das gab Steinbrück in einem ZDF-Interview Jahre später offen zu. Ganz abgesehen von der zu garantierenden Summe: Rund 1,7 Billionen Euro hatten die Bundesbürger zu diesem Zeitpunkt an Sparguthaben auf deutschen Banken liegen. Und der Bundeshaushalt umfasste nicht einmal 400 Milliarden Euro. Und die Einnahmen decken seit Jahren die Ausgaben nicht ab. Wie hätte jemals diese Garantie halten sollen, wenn es zum Schwur gekommen wäre? Und dennoch war es wahrscheinscheinlich ein richtiger und wichtiger Schritt zur Beruhigung der Anleger gewesen!

Eine andere Aussage kommt von der Bundeskanzlerin im März 2010 anlässlich des Besuches des damaligen griechischen Ministerpräsidenten Papandreou in Berlin zum Thema Finanzhilfen:

„Es geht, das will ich ausdrücklich sagen, nicht um Hilfsmaßnahmen."

Bereits heute ist dies als Unwahrheit enttarnt, und die Realität hat die europäische Politik eingeholt. Bereits am 05. Mai 2012 kam die 180-Grad-Wende in der eigenen Regierungserklärung im Bundestag.

„Die zu beschließenden Hilfen für Griechenland sind alternativlos."

Der Nachrichtenkanal B5 aktuell wirbt immer mit dem Slogan: In 15

Minuten kann sich die Welt verändern. Es waren zwar keine 15 Minuten, aber vergleichsweise nur kurze acht Wochen, in denen Angela Merkel die halbe Wahrheit nachschob. Warum eigentlich die halbe Wahrheit? Weil nichts alternativlos ist, man kennt nur weder die Folgen der einen noch die der anderen Wahrheit. Und so stellt man seine Entscheidung als alternativlos hin, um sich als entschlusskräftige Europaretterin zu präsentieren. Gratulation! Bis jetzt haben die Bundesbürger die Pointe nicht verstanden. Wie auch, wenn die Pointe vor dem Witz erzählt wurde.

In diesem Sinne warten wir gemeinsam gespannt auf den Witz, der früher oder später kommen wird. Die Frage ist nur, ob wir dann noch lachen können.

Zum Schluss stellt sich die Frage: Sind das Ausnahmen? Dabei ist eigentlich jeder. Ob Bundeskanzler(in), Ministerpräsident oder Abgeordneter. Ist es Unkenntnis, Gutgläubigkeit gegenüber den Beratern oder Kalkül? Wichtig für Politiker ist meist nicht die Sache, sondern verständlicherweise die Wiederwahl. Denn es ist ihr Job, den sie behalten wollen.

Im Grunde ist es doch egal, ob es die Wahrheit ist. Wir als Zuhörer brauchen es ja nicht zu glauben. Zur Politik- und Anlegermündigkeit gehört der Zweifel und zur Manipulation durch andere ein Mit-sich-machen-lassen. Oder würde man einem Gebrauchtwagenhändler sofort ohne Kontrolle glauben, dass das Wunschauto einwandfrei und ohne jeglichen Schaden ist? Es ist unser Geld, mit dem die Politiker hier zocken. Also kümmern wir uns darum! Denn die wollen nicht nur spielen.

Wahrheit wird in Wikipedia so definiert:

Dem Begriff **Wahrheit** werden verschiedene Bedeutungen zugeschrieben, wie Übereinstimmung mit der Wirklichkeit, einer Tatsache oder einem Sachverhalt, aber auch einer Absicht oder einem bestimmten Sinn beziehungsweise einer normativ als richtig ausgezeichneten Auffassung oder den eigenen Erkenntnissen, Erfahrungen und Überzeugungen.

Gebot 2

Der Staat schützt nicht Dein Geld, er will es!

„Die Kunst der Besteuerung besteht ganz einfach darin, die Gans so zu rupfen, dass man möglichst viel Federn bei möglichst wenig Geschrei erhält."

Jean Baptiste Colbert (1619-1683), Finanzminister Ludwig XIV.

Sich auf Finanzethik und Anlegerschutz zu berufen ist erste Politikerpflicht. Die herrschende Klasse macht sich an vorderster Front stark für Anlegerrechte und beschließt mit Pauken und Trompeten neue Schutzbestimmungen, die den Kleininvestor vor Schaden bewahren sollen. Dies alles verdeckt aber lediglich die seit Jahren herrschende, groß angelegte Anlegertäuschung, die von Staats wegen vollzogen wird. Denn der Staat ist nicht mit privatwirtschaftlichen Maßstäben zu messen, da er ein Gesetz, das ihm nicht passt, einfach mit entsprechenden Mehrheiten ändern kann. Merkels Wort von der alternativlosen Rettung der Eurozone wird in die Geschichtsbücher als Hamsterstierkampf eingehen. Im Folgenden einige Beispiele, die diese vorstehende These unterstreichen:

Lieblingsthema Sicherheit

Im magischen Dreieck bzw. Investitionsviereck wird von den Anlegern vor allem in Krisenzeiten das Wort Sicherheit hochgehalten. Aktien und geschlossene Fonds gelten hierbei als besonders unsicher, Festgeld oder Staatspapiere als besonders sicher. Dass hinter vielen Aktienwerten aber auch geschlossene Fonds nachhaltige Sachwerte stehen, wird dabei geflissentlich verschwiegen. Staatsanleihen mancher Länder können hingegen als toxisch angesehen werden. Der Grund liegt in der explodierenden Staatsverschuldung und der fehlenden Haushaltsdisziplin der Politikerkaste. Inzwischen ist klar, dass Portugal, Irland und Griechenland in der Eurozone ohne die Hilfe der anderen EU-Staaten längst pleite wären. Anfang 2011 hat in einem Beitrag der „Welt online" ein amtierender namentlich nicht genannter Minister der griechischen Regierung zugegeben, dass von Anfang der Krise an klar war, dass Griechenland umschulden müsse. Hierbei ist der Begriff „Umschuldung" wiederum eine Verniedlichung – da er nichts anderes bedeutet als eine Verlängerung der Rückzahlzeit, eine Kürzung der Zinsen oder eine quotale Absenkung des Rückzahlbetrags. 2012 kam dann der Schuldenschnitt Griechenlands.

Dass hierbei eventuell Vorsatz herrscht, sieht man in einem Zitat eines „hochrangigen" IWF-Vertreters in eben diesem Zeitungsbeitrag, der bestätigt, dass man zu Beginn der Unterstützungsmaßnahme vereinbart hatte, eine Umschuldung bis zum letzten Augenblick zu dementieren.

Wenn dies eine Aktiengesellschaft nach geltendem Aktienrecht machen würde, würden die Vorstände angeklagt werden. Aber selbst Deutschland würde nach privatrechtlichen Maßstäben nicht sehr gut dastehen, denn neben rund zwei Billionen Euro Schulden stehen laut Medienberichten rund drei Billionen Euro zukünftige Verbindlichkeiten wegen Rentenforderungen von Staatsdienern in den Büchern. Ganz zu schweigen von weiteren Schatten- und Nebenhaushalten. Aber auch die Kompetenz von staatlichen Kontrollinstanzen muss hinterfragt werden. So hatte die BaFin (Bundesanstalt für Finanzdienstleistungsaufsicht) bei der Gründung der Noa-Bank übersehen, dass die für Banken übliche Eigenkapitalanforderung von frei verfügbaren fünf Millionen Euro anscheinend von den Noa-Bank Verantwortlichen umgangen wurde. Hierbei stellt sich die Frage, wieso man den so genannten grauen Kapitalmarkt enger kontrollieren möchte, wenn man nicht einmal den weißen im Griff hat.

Wann wird Renditehunger zu Gier?

Derzeit wirbt eine große deutsche Bank mit zwei Prozent für Neukunden auf Festgeld, wohingegen der nicht so gut informierte Freund in der Fernsehwerbung nur ein halbes Prozent bekommt. Es scheint, dass Deutschland bescheiden geworden ist. Denn gute Renditesätze von fünf oder sieben Prozent sind - wie man am Beispiel Griechenland, Portugal oder Irland sieht - nur noch mit erhöhten Risiken verbunden. Aber ist das eine neue Erkenntnis? Zur allgemeinen Beruhigung kann man sagen, es war immer schon so. Nur will es keiner wahrhaben.

Im Grunde des Herzens ist nämlich selbst der Deutsche ein Zocker. Jede Woche liefern viele Deutsche im Durchschnitt 12,50 Euro beim beliebtesten Optionsschein deutscher Haushalte ab. Es ist der Lottoschein mit einer quasi zielorientierten Vermögensvernichtung. Denn um einen Sechser mit einem durchschnittlichen Gewinn von 500.000 oder einer Million Euro zu ergattern, muss er eine Eintrittswahrscheinlichkeit von 1:14 Millionen überwinden. Das wäre so, wie wenn er in der südkoreanischen Hauptstadt Seoul in der U-Bahn einen Schirm liegen lässt und dann eine beliebige Telefonnummer der Hauptstadt Seoul mit seinen 14 Millionen Anwohnern anruft und fragt, ob dieser Angerufene den Schirm gefunden hat. Und wir sprechen hier jetzt nur von einem Sechser und nicht von einem Sechser mit Zusatzzahl. Dieser hat eine Wahrscheinlichkeit von 1:140 Millionen, also in etwa, in unser U-Bahnspiel übertragen, auf mehr als eineinhalbmal Deutschland. Wenn der eifrige Lottospieler diesen wöchentlichen Spieleinsatz – also insgesamt 50 Euro pro Monat – in einen Aktienfonds investieren würde, hätte er nach dreißig Jahren ein deutlich sechsstelliges Vermögen angespart. Der Anleger würde aber sicher jetzt sagen, nein, Aktienfonds sind mir zu risikoreich. Und einen Aspekt muss man noch erwähnen. Rund 40 Prozent der Lottoeinahmen, bereinigt um die Gewinnausschüttungen und die Verwaltungskosten, fließen an den Staat. Es wäre sicherlich unfair, hier staatlichen Eigennutz zu unterstellen.

Nachhaltigkeit ist en vogue

Nachhaltigkeit ist doch etwas Schönes. Alle reden darüber, aber jeder versteht etwas anderes darunter. Dies hat für Nutzer des Wortes einen entscheidenden Vorteil, weil sie sich an nichts halten müssen. Verbindliche Definitionen sind selten und auch schwierig. Denn bei dem Wort Nachhaltigkeit handelt es sich um einen nicht normativen

Begriff, ähnlich wie Gerechtigkeit, Sicherheit oder Schönheit. Aber er hört sich nun einmal verdammt gut an. Alles ist derzeit nachhaltig: Der Unternehmenszweck, die Bilanz, die Ziele, die Produktion bis hin zur Geldanlage. Eine Orientierung kann man bekommen, wenn man sich weitere Fragen stellt. Ist eine nachhaltige Geldanlage sinnvoll? Ist die Investition mit gesundem Menschenverstand betrachtet in Ordnung? Kann ich meine Lebensziele und Wertevorstellungen mit dieser Geldanlage vereinbaren? Und allein an den Fragestellungen sieht man, dass eine nachhaltige Geldanlage sehr stark von der individuellen Vorstellung und den Wünschen abhängt.

Versicherungen in der Pflicht

Um auf unsere Ausgangsthematik zurückzukommen und eine Versicherungsanlage zu zeichnen, sollte man sich die Zeit nehmen, den Paragraphen 89 Absatz 2 des Versicherungsaufsichtsgesetzes zu lesen. Hierin wird beschrieben, dass im Falle einer Insolvenz eines Versicherungsunternehmens die Versicherungsgesellschaft Leistungen aus den Versicherungsverträgen kürzen oder einstellen kann. Die Pflicht aber der Beitragszahlung des Versicherungsnehmers bleibt bestehen. Diesen Paragraphen verantwortet eine Bundesregierung ebenso wie gerade die viel diskutierte Anlagerichtlinien für Versicherungen. In Zukunft werden Konzerne bevorzugt in Staatanleihen anlegen müssen, ebenso wie Pensionkassen. Dies wird durch Eigenkapitalvorschriften gesetzlich gesteuert, die für staatliche Papiere geringere Auflage fordern. Woher Versicherungen und Pensionskassen und damit letztlich der Anleger in solche Produkte die Rendite zum Inflationsausgleich erwirtschaften soll, bleibt fraglich. Der Staat jedoch hat sich damit eine institutionelle Refinanzierungsquelle verpflichtet.

Wer braucht da noch den privaten Anleger direkt?

Zwangsanleihen und Lastenausgleich

Das Thema Umverteilung ist bereits im 1. Gebot der Anlegermündigkeit behandelt. Eine besonders extreme Form wurde aber noch nicht erwähnt – die Zwangsanleihe. In Zeiten besonders hoher Schulden ist diese Diskussion 2012 wieder ins Gespräch gebracht worden. Als Impulsgeber vorgeschoben wurde dafür ein Wirtschaftsforschungsinstitut. Einige Politiker griffen dann thematisch diesen Ball auf. Aber ist das etwas Neues? Nein, denn auch in der jungen Bundesrepublik in den 50er Jahren hat man mit dem sogenannten Lastenausgleichsgesetz Immobilienbesitz mit einer Zwangshypothek von 50 Prozent des Immobilienwertes belegt, und diese war auf 30 Jahre abzubezahlen. Keine prickelnde Vorstellung für Immobilienanleger, die derzeit scharenweise in diese Form der realen Sachwertanlage strömen. Auch hier kann vom Anlegerschutz keine Rede sein.

An diesen Beispielen kann man aufzeigen, dass wir weit weg sind von dem Thema einer angewandten Finanzethik bei staatlichem Vorgehen, sondern dass ganz einfache Dinge wie Vertragswahrheit, Vertragsklarheit und Transparenz wünschenswert wären. Keinen vorsätzlichen Betrug am Anleger zu begehen, sollten vorrangiges Ziel und Mindestvoraussetzung von Politikern sein. Welchen Erfolg die Politik in der Führung von Unternehmen, insbesondere von Banken, gezeigt hat, sieht man an Beispielen wie der KfW bzw. der IKW oder der HRE.

Zwangsanleihe wird in Wikipedia definiert:

Eine **Zwangsanleihe** ist eine Staatsanleihe, zu deren Zeichnung eine bestimmte Gruppe durch Gesetz gezwungen wird.

Typischerweise ist die Zwangsanleihe mit einem Zinssatz ausgestattet, der unter dem Marktzins liegt oder zinsfrei ist.

Der Staat hat durch die Begebung von Zwangsanleihen die Möglichkeit, sein Haushaltsdefizit zu einem niedrigen Zins zu finanzieren. Die Differenz zwischen Marktzins und Anleihezins entspricht dem Charakter nach einer Steuer auf das zwangsweise geliehene Kapital. Da die Bemessungsgrundlage für Zwangsanleihen typischerweise das Vermögen darstellt, ist die fiskalische Wirkung einer Vermögensteuer vergleichbar...

Da die Zwangsanleihe für die Steuerpflichtigen mit deutlich geringeren Lasten verbunden ist, wird sie überwiegend eingesetzt, wenn der Staat aus Bonitätsgründen keine Gläubiger mehr findet. So sind Kriegsanleihen teilweise als Zwangsanleihen ausgelegt.

Gebot 3

Umverteilungspolitik wird zur Regel!

Wenn Umverteilung die Leistungsbereitschaft schwächt, Zuteilung den Wettbewerb lähmt, wenn Regionalpolitik museale Industrien fördert, dann lassen sich die ordnungspolitischen Prinzipien in der Bundesrepublik unter einem Gestrüpp aus Gruppeninteressen kaum noch ausmachen. Wer diesen Wildwuchs zurückschneidet, trägt mehr zur sozialen Zukunftssicherung bei als alle, die immer wieder glauben, auf Kredit gekaufter Dünger helfe auf ungepflügtem Acker.

Hilmar Kopper (*1935), deutscher Bankier

Der Lösungsansatz seitens der Politik zur europäischen Finanzkrise kann mit einem Wort ausgedrückt werden: Transferunion. Die formell reichen europäischen Nordstaaten zahlen und bürgen für die insolventen oder in Schwierigkeit geratenen europäischen Südstaaten. Im Prinzip läuft diese Haftung auf zwei Staaten hinaus, nämlich Deutschland und Frankreich. Dass man eine derartige Haftung sogar rechtlich einmal im Vertrag von Maastricht ausgeschlossen hatte, ist dabei nicht von Belang. Was interessiert mich mein Geschwätz von gestern, sagte ja schon Adenauer.

Das Volumen ist aber gewaltig und im Grunde weiß die derzeit an der Macht befindliche Politik nicht, wie man den Schuldenberg, den man mit Wahlgeschenken, Subventionen und immer neuen Schulden aufgetürmt hat, jemals wieder abstottern will. Einzig positiv ist, dass Deutschland neue Kredite nahezu zum Nulltarif aufnehmen kann. In Kombination mit einer Inflation werden Schulden indirekt sogar weniger. Und diese Situation will der Finanzminister, gleich welcher Partei er angehören wird, so lange wie möglich zu erhalten versuchen.

Befürworter dieser Politik propagieren, dass die reichen Staaten durch Zinseinsparungen für neuen Kredite und durch die Rettung von Absatzmärkten mehr profitieren als zahlen. Kritiker führen einen fortlaufenden Gesetzesbruch und unabsehbare Folgen durch ein unabsehbares Haftungsvolumen an. Wer Recht hat, wird die Zeit zeigen und vor allem die Psychologie der Anleger.

Aber diese Umverteilungsthematik spielt nicht erst seit Kurzem eine Rolle. Sie ist dem Sozialstaat immanent. Bleiben wir zunächst in Europa. Beispielsweise durch Agrarsubventionen wurde seit Jahrzehnten der Bauernstand in den Südländern, aber auch in allen Mitgliedsländern Europas unterstützt. Wenn Kürzungen drohten, kam es zu den medial bekannten Protesten.

Weiter geht es mit dem Thema Umverteilung mit dem Solidaritätszuschlag, den es mittlerweile seit mehr als 20 Jahren für den Aufbau der fünf neuen Bundesländer gibt.

Aber auch in Deutschland ist der Länderfinanzausgleich eine seit Jahren praktizierte Umverteilung. Extremes Beispiel ist hierbei Berlin, das seit Jahren als Nehmerland rund 36 Milliarden Euro bekommen hat und durch seinen Regierenden Bürgermeister Klaus Wowereit mit einem Spruch wie „Berlin ist arm, aber sexy!" den Unmut der Geberländer provoziert.

Die Diskussion um einen gerechten Lastenausgleich und eine immer weiter zunehmende Steuerlast für den Mittelstand führt zu einer gefühlten Gerechtigkeitslücke. Die subjektive Wahrnehmung, dass sich die soziale Marktwirtschaft von der Marktwirtschaft hin zu immer mehr Sozialem bewegt, zeigen immer mehr Studien. Die gleichen Menschen, die eine Unterstützung des europäischen Armenhauses Griechenlands ablehnen, fordern in Deutschland eine Zunahme der Unterstützungsmaßnahmen. Diesen Spagat wird die Politik zu meistern haben.

Umverteilungspolitik wird aber deshalb die Regel bleiben, weil ohne die Stimmen der Nehmenden, und hier ist sowohl die Mehrheit der zu Recht zu Unterstützenden als auch die Minderheit der sozialen Trittbrettfahren gemeint, in Zukunft keine Wahlen mehr zu gewinnen sind.

Umverteilung wird in Wikipedia definiert:

Der Begriff **Umverteilung** bezeichnet den Prozess oder das Ergebnis finanz- oder sozialpolitischer Maßnahmen und Entwicklungen, die sich auf die Verfügbarkeit von Einkommen oder Kapital für verschiedene Bevölkerungsgruppen bzw. auf die Einkommensverteilung oder Vermögensverteilung auswirken. Der Begriff „Umverteilung" ist zunächst neutral, es kann also eine Umverteilung in Richtung größerer Gleichheit oder auch größerer Ungleichheit („von unten nach oben") zwischen verschiedenen Bevölkerungsgruppen erfolgen. Im engeren Sinn, so auch hier, wird darunter bisher oft eine Umverteilung in Richtung größerer Gleichverteilung verstanden.

Gebot 4

Viele Wirtschaftstheorien sind widerlegt. Es zählt der gesunde Menschenverstand!

Prognosen sind allemal schwierig, insbesondere wenn es sich um die Zukunft handelt

Mark Twain (1835-1910), amerikanischer Schriftsteller

Wirtschaftstheorien sind wichtig. Und wenn Bundestagspräsident Lammert sagt, die Ökonomen haben keine Lösung, dann irrt er. Fragt man zehn Ökomonen nach ihrer Meinung, erhält man elf Meinungen, könnte man sagen. Aber auch das stimmt nicht.

In der Wirtschaftswelt von heute ist es eher so – um bei diesem Beispiel zu bleiben: rund sieben Wirtschaftswissenschaftler wiederholen mantraartig die gleiche Theorie nach dem Motto „es ist schon alles gesagt, aber noch nicht von jedem". Und die restlichen drei Theoretiker liefern sich wiedersprechende Außenseitermeinungen, die eher belächelt werden. Wo schließen sich aber Politiker, Journalisten und

Unbedarfte an: natürlich der Mehrheitsmeinung, die muss ja richtig sein. War ja auch so zu Galileis Zeiten, und da war die Erde noch eine flache Scheibe!

Um es deutlich zu sagen: Selbst ein Nobelpreisträger kann mit einer Wirtschaftstheorie, für die er diese herausragende Ehrung erhalten hat, falsch liegen und muss durch heute vorliegende Kenntnisse diese Forschung ergänzen oder sogar korrigieren. Oft tritt aber auch der Fall ein, dass eine komplexe Theorie populär verkürzt wurde und deshalb bei den Medien und der Masse der „Kenntnisreichen" nur eine verkrüppelte Wahrheit und Erkenntnis ankommt.

Hier einige Beispiele:

John Maynard Keynes

Allen voran ist John Maynard Keynes zu zitieren. Als er 46 Jahre alt ist, erlebt er im Herbst 1929 den Schwarzen Donnerstag beziehungsweise Freitag. Er hatte in Eton College die Schule besucht und in Cambridge Mathematik und Ökonomie studiert. In ersten Veröffentlichungen nach dem ersten Weltkrieg sagte er den Zusammenbruch der Weimarer Republik und einen neuen Krieg voraus. Sozusagen ein politischer Max Otte der 20er Jahre.

Keynes wendet sich in den 30er Jahren konsequent gegen die alles beherrschende Ansicht der absoluten Selbstheilungskräfte der freien Marktwirtschaft. Geprägt durch Adam Smith empfahlen damals Wissenschaftler wie der Österreicher Joseph Schumpeter und der Engländer Lionel Robbins einfach nichts zu tun. Keynes argumentierte jedoch, dass der Staat in Krisenzeiten die Aufgaben wie ein Unternehmer übernehmen müsse, also antizyklisch handeln. Soweit so gut – so richtig.

Und hier kommt nun das Missverständnis der heutigen Keynsianer. Damit die Mittel und Spielräume für dieses antizyklische Handeln da sind, müssen Staaten das Geld in Zeiten florierender Wirtschaft und Konjunktur vorab ansparen oder im Nachhinein die aufgelaufenen Schulden wieder abtragen. Und diesen einfachen, aber nicht unbedeutenden Halbsatz vergessen die verantwortlichen Politiker fast rund um den Globus. Die Folge: Deutschland ist mit rund 2 Billionen Euro verschuldet und die USA mit unvorstellbaren 16 Billionen Dollar, das sind 12,77 Billionen Euro. Und jedes Jahr werden es sowohl in Deutschland wie in den USA mehr. Das hatte John Maynard Keynes nicht gemeint.

Karl Marx

Marx argumentierte ähnlich wie Keynes. Der Kapitalismus sei ein starkes und zugleich brüchiges System. Aber anders als Keynes sah er keine Rettung für dieses verhasste System, dem er selbst entstiegen war. Er sprach sich für die Diktatur des Proletariats aus, was letztlich logischerweise zu einer Planwirtschaft führen musste. Dass diese Wirtschaftstheorie aber gänzlich ungeeignet für ein erfolgreiches Wirtschaften ist, zeigt der Zusammenbruch des Ostblocks, allen voran der UDSSR und der DDR. Freiheit der Menschen bedeutet auch immer die Freiheit im Wirtschaften. Auch gemäßigte kollektive Lebens- und Wirtschaftsformen zeigen, dass der Mensch auf Dauer nach einem hohen Grad des Individualismus strebt. So sind Kibbuze, die vor allem in Israel errichtet wurden, heute nur noch überwiegend durch hohe Subventionen des Staates als Wirtschaftsform überlebensfähig.

John F. Nash

Der Film „A Beautiful Mind" ist vielen noch in Erinnerung, wenn sie den Namen Nash hören. Er hat die Anwendung der Spieltheorie einer breiten Masse bekannt gemacht und den Nobelpreisträger John F. Nash mit all seinen Problemen auch. Basis alle dieser Ideen war der homo oeconomicus, dessen Wortschöpfung wohl zum ersten Mal Vilfredo Pareto in seinem „Manuale d'economia politica" 1906 verwendet hat. Eduard Spranger bezeichnete 1914 in seiner „Psychologie der Typenlehre" den homo oeconomicus als eine Lebensform des Homo sapiens und beschrieb ihn wie folgt: „Der ökonomische Mensch im allgemeinsten Sinne ist also derjenige, der in allen Lebensbeziehungen den Nützlichkeitswert voranstellt", so zumindest nach Wikipedia. Der homo oeconomicus beschreibt also den rein rational handelnden Wirtschaftsmenschen.

Die Neurofinanz oder auch Verhaltensökonomie stellt die Erklärungsversuche grundsätzlich in Frage. In Versuchen wie dem Ultimatumspiel oder der Versuchsanordnung des Gefangenendilemmas wird bewiesen, dass Entscheidungen oft auf subjektiven, ja irrationalen Verhalten basieren. Eine strenge Nutzenmaximierung ist eher die Ausnahme.

Resümee

Es gibt viele Wirtschaftstheorien und noch mehr Ökonomen, die uns dies als alternativlos verkaufen wollen. Wenn ein Wissenschaftler sagt, es kann nur so sein und nicht anders, dann ist das noch lange nicht so.

Als Laie werden wir nicht jede einzelnen Theorie detailliert für richtig oder falsch entlarven können. Das müssen wir auch nicht. Jeder aufgeschlossene Anleger und Investor – aber auch jeder Politiker - ist aber gehalten, sich Rede und Gegenrede anzuhören. Und dann mit seinem gesunden Menschenverstand abzuwägen, zu welcher Meinung er eher tendiert. Und danach seine Entscheidungen auszurichten. Aber Vorsicht: Eine Theorie ist und bleibt was es ist – eine Theorie – also eine Theorie mit vielen Annahmen, die stimmen können oder auch nicht.

Denn wie wird das Wort Theorie in Wikipedia definiert:

Eine **Theorie** ist ein vereinfachtes Bild eines Ausschnitts der Realität, der mit diesem Bild beschrieben und erklärt werden soll, um auf dieser Grundlage möglicherweise Prognose zu machen und Handlungsempfehlungen zu geben. Jeder Theorie liegen mehr oder weniger deutlich ausformulierte Annahmen zugrunde.

Hier steht kein Wort von alternativlos!

Gebot 5

Ökonomen denken und publizieren ihre Meinung, entscheiden musst Du selbst!

An irgendeinem Punkt muss man den Sprung ins Ungewisse wagen. Erstens, weil selbst die richtige Entscheidung falsch ist, wenn zu spät erfolgt. Zweitens, weil es in den meisten Fällen so etwas wie eine Gewissheit gar nicht gibt.

Lee Iacocca (*1924), US-amerikanischer Manager

Der Ökonom steht hier stellvertretend für die Meinung von außen. Wie oft kommt es vor, dass wir hin- und hergerissen sind. Gerade eben haben wir im 4. Gebot über die Bandbreite von Wirtschaftstheorien gesprochen. Auch hier gibt es Mehrheits- und Minderheitsmeinungen. Noch extremer ist es, wenn man die Medien beobachtet. In diesem Zusammenhang muss nochmals der Punkt Alarmismus angesprochen werden. Untergangsszenarien werden heraufbeschworen. Aber Fakt ist, dass meistens die Katastrophe ausbleibt. Typisches Beispiel war das Waldsterben, heute sind es der Klimawandel und die Finanzkrise. Richtig ist, dass Menschen einen höheren Kaufkraftverlust hinnehmen werden müssen. Der wird aber eher still und heimlich vor sich gehen.

Noch einmal in aller Kürze: Griechenland hat sich in den Euro geschummelt, Rot-Grün unter Schröder und Eichel haben alle Augen zugedrückt, aus politischen Gründen. Danach hat Griechenland eine Schuldenorgie sondergleichen durch die neu gewonnene Freiheit niedriger Zinsen veranstaltet und Wahlgeschenke verteilt. Alles unter den Augen der EZB, der Europäischen Kommission und der Regierungen. Zu diesem Zeitpunkt ist das in Deutschland schon die große schwarz-rote Koalition mit Merkel und Steinbrück. Es folgen die ersten Anzeichen der Krise 2008 und 2009, und man sah sich als schwarz-gelbe Retter im Tandem Merkel-Schäuble. Schließlich kaufte die EZB im großen Stile die Ramschanleihen des Club Med zur Stabilisierung des Systems. 2012 nun der Schuldenschnitt Griechenlands und immer weitere Hilfspakete für ein bereits seit Jahren bankrottes Griechenland.

Ein Land, eine Bank und jede Firma, aber auch jeder Zuschussempfänger werden nie den Turnaround und die Eigenverantwortlichkeit schaffen, wenn die Verantwortlichen sich sicher sein können, dass sie immer wieder „fresh money" bekommen. Aber diese einfache schwäbische Binsenweisheit ist nicht politisch opportun. In politischen Hintergrundgesprächen erfährt man seit rund einem Jahr, dass Griechenland nicht mehr zu halten ist. Es will nur keiner sagen. Wenn Philipp Rösler im Sommerinterview nun erklärte, dass ein Ausscheiden Griechenlands nun „den Schrecken verloren hätte", war das bereits eine politisch vorbereitende Maßnahme.

Wirtschaftlich war es, auch wenn manche Ökonomen das anders sehen mögen, nie sinnvoll, Griechenlands ökonomisches Sterben zu verlängern. Politisch wollte man dem Komapatienten aus einer falsch verstandenen Art von hippokratischem Eid die lebenserhaltenden Geräte nicht abschalten. Das mag aus machtpolitischem Kalkül nachvollziehbar sein.

Jetzt gilt es, als Anleger den Versuch zu unternehmen, die Wahrheit zu erkennen und damit Anlegervertrauen zurückzugewinnen. Deutsche Steuerzahler werden über Jahre, wenn nicht Jahrzehnte, für das Griechenlandabenteuer eine Solidaritätsabgabe fest einplanen müssen. Denn Deutschland ist im Hintergrund überall als Großzahler – oder sollte man besser Großspender sagen – dabei. Die offen deklarierten Bürgschaften und Zahlungen sind nur die halbe Wahrheit – Deutschland überweist an den IWF, an die EMS, an die EZB, an die Weltbank. Den Sparern wird nicht nur über Monate, sondern voraussichtlich für einige Jahren eine Nullzins- oder Negativzinsperiode bevorstehen. Und es werden immer weitere Belastungen auf sie zukommen. Der Staat wird alle Register ziehen, um durch gesetzliche und regulatorische Maßnahmen seine Geldquellen zu erhalten. So müssen zum Beispiel Versicherungen zukünftig schwerpunktmäßig die uninteressanten Niedrigzinsanleihen der Staaten kaufen. Zwangsanleihen – ob rückzahlbar oder nicht – wurden ebenso schon thematisiert.

Die richtige Anlagestrategie zum Zeitpunkt 2012 ist schwer zu sagen und ist eher Kaffeesatzleserei. Nachhaltige Bausteine von realen Sachwerten wie Immobilien und gut gemanagte Sachwertfonds, Rohstoffen wie Silber, Gold, aber auch beispielsweise Holz sowie Aktien von

Standardwerten gehören sicher dazu. Natürlich muss auch für den direkten und schnell verfügbaren Finanzrahmen wie beispielsweise Tagesgeld gesorgt werden. Je nach Alter und Risikoeinstellung sind dies drei bis zwölf Monatsgehälter.

Die angekündigte Katastrophe eines deutschen Währungsschnitts wird voraussichtlich aber im medialen Blätterwald verbleiben. Der Staat wird versuchen, sich so viel Geld wie möglich vom Steuerzahler zu holen. Regierungsverantwortliche Politiker sehen dies wohl als staatliche Aufgabe, denn sparen wird man wegen der anstehenden Wahlen eh nicht. Die Steuerzahler haben aber dagegen das Recht, jegliche legale Möglichkeit auszunutzen, um dies zu verhindern. Durch Abwahl der Politiker, durch Nutzung legaler Steuersparmöglichkeiten oder durch Protest gegen sinnleere Gesetzesvorhaben. Warum Proteste, werden sich manche jetzt fragen.

Jean-Paul Juncker, heute Eurogruppenchef, erläuterte 1999 in einem Spiegel-Interview (Der SPIEGEL 52/1999 – S. 136) eindrucksvoll das Wesen der Politik:

Wir beschließen etwas, stellen das dann in den Raum und warten einige Zeit ab, ob was passiert. Wenn es dann kein großes Geschrei gibt und keine Aufstände, weil die meisten gar nicht begreifen, was da beschlossen wurde, dann machen wir weiter.

Deshalb gehören lautstarke Proteste und großes Geschrei der Bürger und der Lobbyisten dazu. Es ist Teil des Spiels. Und wenn es nur dazu dient, den Politikern begreiflich zu machen, dass man es verstanden hat. Dies alles muss bei der Entscheidung als Anleger berücksichtigt werden. Das bedeutet, dass Anlageentscheidungen immer auch politische, wirtschaftliche, ethische, soziale und finanzielle Entscheidungen sind.

Entscheidung wird in Wikipedia wie folgt definiert:

Eine **Entscheidung** ist eine Wahl zwischen Alternativen oder zwischen mehreren unterschiedlichen Varianten von einem oder mehreren Entscheidungsträgern. Eine Entscheidung kann spontan bzw. emotional, zufällig oder rational erfolgen. Eine rational begründete Entscheidung richtet sich nach bereits vorgängig abgesteckten Zielen oder vorhandenen Wertmaßstäben. Von der Entscheidungskompetenz eines Individuums hängt es ab, ob seine Pro- oder Contra-Entscheidungen richtig oder falsch ausfallen. Die Eigenschaft, ohne Verzögerung zu entscheiden und dabei zu bleiben, wird als **Entschiedenheit** bezeichnet. Die Statistik und Ökonomie befasst sich in der Entscheidungstheorie mit der Frage nach der optimalen Entscheidung. Das Wort soll von entscheiden stammen, also zum Beispiel das Schwert aus dessen Scheide ziehen, da man sich dann eben zwischen kämpfen bzw. nicht kämpfen entschieden hat. Die Entscheidung wird auch, oftmals im Sinne eines Ergebnisses, als der Entscheid bezeichnet.

Gebot 6

Rating kommt von raten, denn Agenturen blicken in die Vergangenheit!

„Wenn zwei Leute über die Zukunft unterschiedlicher Meinung sind, kann theoretisch jeder Recht behalten. Da empfiehlt sich der Abschluß einer Wette."

Otto Schlecht (*1925), deutscher Staatssekretär im Bundeswirtschaftsministerium

Es ist so eine Sache mit den Ratingagenturen. Jeder orientiert sich an ihnen, aber irgendwie hat man doch so seine Zweifel. Der jüngste Höhepunkt dieser Bedenken war wieder einmal eingetreten, als die Immobilienblase in Amerika platzte. Papiere mit Top-Rating von zu Paketen gebündelten Schrottkrediten wurden dadurch quasi wertlos. Es ist schon ein finanzmathematisches Kunststück, aus Pleitekrediten ein bonitätsstarkes Produkt zu kreieren. Aber deutsche institutionelle Investoren, allen voran die staatliche IKB, Landesbanken, Privatbanken bis hin zu sicherheitsorientierten Geldmarktfonds, kauften diese Konzeptionswunder. Letztendlich waren es Wetten auf die Restwerte und die Beitreibungserfolge von Zwangsversteigerungen amerikanischer Wohnimmobilien. Der Markt war geprägt durch die Erkenntnis, dass der amerikanische Immobilienmarkt Jahre – wenn nicht gar Jahrzehnte - nur einen Trend kannte - und zwar aufwärts.

So gesehen war die Einschätzung der Ratingagenturen sogar verständlich. Sie rechneten damit, dass ein Haus oder eine Wohnung, bei dem der Schuldner zahlungsunfähig geworden war, zu einem höheren Preis verkauft werden konnte, wie die verbleibende Restschuld gewesen war. Ein Rückgang war aufgrund der jahrelangen positiven Entwicklung einfach nicht eingeplant. Die Computer arbeiteten und rechneten exponentiell die bisherigen Steigerungen weiter. Auch eine Art von Sicherheit. Und alle glaubten daran. Der Fehler war einzig und allein, dass das Restrisiko als vernachlässigbar galt und gar nicht in die Betrachtung eingebracht wurde.

Eine Portion gesunder Menschenverstand und die sprichwörtliche Erfahrung bringen meist die Erkenntnis, dass jede Zeitreihe auch einmal ein Ende hat. Durch neue Ideen wie Erfindungen oder plötzlich unerwartet eintretende Ereignisse – sogenannte schwarze Schwäne – wie 09/11 können Veränderungen rasant eingeleitet werden. Diese sind in der Regel nicht prognostizierbar und dementsprechend in Ratings und Analysen sind berücksichtigt. Dabei sind die durchgeführten Untersuchungen nicht falsch, sondern es fehlten nur zum Zeitpunkt der Analyse Informationen. Ein schönes Beispiel ist folgende Geschichte:

Mitte des 19. Jahrhunderts belegten amerikanische Hochrechnungen, die Straßen von New York würden spätestens 1910 meterhoch mit Pferdemist bedeckt und damit unpassierbar sein. Dies klingt etwas seltsam für unsere Ohren, aber es entsprach der Wahrscheinlichkeitsrechnung - und es war nach damaligen wissenschaftlichen Erkenntnissen durchaus glaubwürdig. Die Erfindung des Autos löste das Problem für die New Yorker Stadtväter und schuf jedoch neue.

Aber die Experten rieten den Stadtvätern, getrost abzuwarten: „Das Auto hat keine Zukunft!" Die Erklärung war geradezu einfach und einleuchtend: „Weil es nicht genug geschulte Chauffeure gibt!"

Deshalb gilt der Grundsatz: Natürlich sollte man als Anleger externe Analysen lesen. Sie entbinden aber keinen davon, sich eigene Gedanken zu machen und zu prüfen, unter welchen Annahmen das Rating entstanden ist.

Ratingagenturen werden von Wikipedia wie folgt beschrieben:

Ratingagenturen sind private, gewinnorientierte Unternehmen, die gewerbsmäßig die Kreditwürdigkeit von Unternehmen aller Branchen sowie von Staaten bewerten. Die Agenturen fassen das Ergebnis ihrer Untersuchung, auch Rating genannt, in einer Buchstabenkombination (Ratingcode, kurz auch nur Rating) zusammen, die in der Regel von AAA bzw. Aaa (beste Qualität) bis D (zahlungsunfähig) reicht. Die Ratingcodes spiegeln dabei zunächst nur eine Rangfolge wider. Ratingagenturen bewerten auch die Ausfallwahrscheinlichkeit von Forderungen. Außerdem wird im Rating auch die Widerstandsfähigkeit gegen Konjunkturschwankungen berücksichtigt, so dass zumindest höhere Ratings auf ein dauerhaft stabiles Unternehmen hinweisen.

Ratingagenturen unterliegen in der Regel staatlicher Aufsicht. So kann ohne Genehmigung der EU in Europa keine Ratingagentur gegründet werden. Die EU kann Agenturen bei Verstößen gegen EU-Recht die Lizenz entziehen. Die Aufsicht über die Agenturen liegt bei der europäischen Wertpapieraufsicht <u>European Securities and Markets Authority</u> (ESMA) und den Behörden der Mitgliedsstaaten. ...

Es hat sich gezeigt, dass die Agenturen bei ihren Rating-Einstufungen in Einzelfällen sehr stark von der Realität mancher Schuldner entfernt waren. Hierbei ging es um völlige Schieflagen der Agenturen im Zusammenhang mit den spektakulären Fällen Enron (1997), World-Com (2001), Parmalat (2003) sowie um die Fehleinschätzungen bei den Staatskrisen in Asien (1997) und Argentinien (2001) oder etwa der größten kommunalen Insolvenz des Orange County in Kalifornien im Dezember 1994. Dabei zeigte sich auch, dass diese Mängel nicht überwiegend agenturspezifisch sind, sondern dass weitere Kreditinstitute oder andere Investoren hiervon teilweise betroffen waren.

Gebot 7

Es gibt keine sichere Geldanlage, nur Streuung schafft eine gewisse Risikodiversifizierung!

„Wie jede Familie, so kann auch jedes Land ein Jahr lang etwas mehr ausgeben als es verdient. Aber Sie und ich wissen, dass, wenn das so weiter geht, am Ende das Armenhaus steht."

Franklin Delano Roosevelt (1882-1945), 32. Präsident der USA

Als Leser werden Sie sagen, dass es sichere Anlagen gibt, zum Beispiel Sparbuch, Festgeld, Tagesgeld oder Sparbriefe. Auf dem Kontoauszug wird bei einer Anlage von 10.000 Euro immer dieser Betrag plus ein paar wenige Zinsen stehen. Richtig. Die Frage dabei ist nur, was kann man sich davon in zehn Jahren noch kaufen. Und da ist die Rechnung ganz einfach.

Wenn man auf sein Festgeldkonto derzeit ein Prozent Zinsen bekommt, aber 3 Prozent Inflationsrate im Land herrschen, muss der Anleger Jahr für Jahr 2 Prozent Kaufkraftverlust hinnehmen. Nach zehn Jahren sind dies ohne Zinseszinseffekt und Steuer 20 Prozent. Das bedeutet, dass Sie in zehn Jahren nur noch einen Kaufkraft von rund 8.000 Euro besitzen.

Um dies zu verhindern, sollte man zwar Geld, was man in nächster Zeit benötigt und zusätzlich einen verfügbaren Sicherheitspuffer auf diese Art anlegen, den Rest aber in verschiedene Anlageklassen und bei unterschiedlichen Anbietern streuen. Schwierig ist, welche Anlagestrategie die richtige Antwort gegen Vermögensverlust ist: Wissen, was richtig war, wird man es ehrlicherweise erst im Nachhinein. Die Grundidee dabei ist das sogenannte Magische Dreieck. Das Spannungsfeld der Geldanlage spielt sich zwischen den Eckpunkten Sicherheit, Rendite und Liquidität ab, ergänzt neuerdings um den Punkt Nachhaltigkeit und Sinn zu einem magischen Viereck. Deshalb stehen im Vordergrund zwei Ideen: Streuung und Antizyklik.

Aber auch hier gilt es aufzupassen. Wenn man Immobilien nimmt, sollte man Immobilienhandel dem Langfristinvestment vorziehen, eher Mittelzentren wie Metropolen, eher Wohnen wie Büro. Trotzdem gibt es für alle gerade bevorzugten Bereiche Negativbeispiele, bei denen man sagen müsste: Mach das bloß nicht.

Ebenso sieht es bei Rohstoffen aus. Gold und Silber gehören in jedes Portfolio, sicher Physisches vor Ideellem. Aber in Krisenzeiten wird der Anleger vom Goldbarren nicht abbeißen können. Zusammenfassend ist zu betonen, dass der Anteil von reellen Sachwerten im Portfolio entscheidend für eine gewisse Portfoliostabilität ist. Dies ergänzt auch die Strategie Aktien vor Anleihen.

Wer als deutscher Anleger seine liebgewonnenen Staatsanleihen als Sicherheitspapiere sieht, sollte mit seinen Gedanken in den März 2012 im Rahmen des griechischen Schuldenschnitts schweifen. Hier wird er erkennen, dass es sich um eine trügerische Sicherheit handelt. Eine Siemensaktie hat schon so manche (Welt-)Wirtschaftskrise in den letzten 100 Jahren überstanden, die deutschen Währungen in diesem Zeitraum nicht.

Ist das schlimm? Anleger werden in manchen Assetklassen streckenweise Geld verlieren, das ist sicher. Dafür werden andere Anlageformen überperformen. Unterm Strich zählt eine Reduzierung des Risikos bei auskömmlicher Rendite. Und zwar deutlich weniger durch vermeintliche Negativprodukte wie geschlossene Fonds oder Aktien, sondern durch festverzinsliche Anleihen, Staatspapiere und Festgelder. Vielleicht nicht so sehr offensichtlich, sondern größtenteils heimlich und subtil, allein schon durch fehlenden Inflationsausgleich. Sogar Immobilienwerte können durch Gesetze wie das Lastenausgleichsgesetz von 1952 vom Staat abgeschöpft werden. Dass es trotz dieser Situation Lichtblicke gibt, zeigt ein Projekt des Verlages Fuchsbriefe. Hier wurde die Performance von 90 Vermögensverwaltern unter die Lupe genommen. 33 davon schafften ein positives Ergebnis, fünf von ihnen - darunter Wergen & Partner Vermögensverwaltung sowie Flossbach von Storch - sogar über fünf Prozent und damit deutlich mehr als einen Vermögenserhalt trotz des schwierigen Marktumfeldes.

Diversifikation wird in Wikipedia wie folgt definiert
Von **Diversifikation** wird bei Investitionen in Finanzprodukte gesprochen, wenn laufende Spar- oder einmalige Vermögensbeträge

nicht vollständig in eine Einzelanlage fließen, sondern auf unterschiedliche Anlageformen sowie auf verschiedene Finanzdienstleister oder Wertpapieremittenten verteilt werden.

Hintergrund dieser verbreiteten Investmentstrategie ist eine Risikodiversifikation, d. h. die Vermeidung eines möglichen Totalverlustes durch gleichzeitiges Investieren von Teilbeträgen in alternative, unterschiedlich riskante Anlageformen, so dass das Gesamtvermögen in diverse Finanztitel gestreut wird.

Gebot 8

Keinem bleibt erspart, sich im Thema Finanzen zu bilden!

„Bildung ist wichtig, vor allem wenn es gilt, Vorurteile abzubauen. Wenn man schon ein Gefangener seines eigenen Geistes ist, kann man wenigstens dafür sorgen, dass die Zelle anständig möbliert ist."

Peter Ustinov (1921-2004), englischer Schriftsteller und Schauspieler

In verschiedenen kürzlich erschienenen Studien in Deutschland und Österreich bekunden die Bürger, dass sie beim Thema Finanzen wenig bis keine Ahnung haben. Hinzu kommt der „Lehrsatz", den Kinder bereits in frühester Jugend eingetrichtert bekommen: Über Geld spricht man nicht.

Genau das Gegenteil sollte der Fall sein. Eltern sollten frühzeitig mit Kindern über Geld reden. Der Nachwuchs sollte recht früh durch ein Taschengeld ein Gefühl für die Verwaltung von Finanzen bekommen. Dazu gehört aber auch, dass, wenn das Geld aus ist, nicht bei Vater und Mutter sofort ein Vorschuss aufgenommen werden kann oder ein Nachschuss möglich ist. Zu dem Erlernen von Geldregeln gehört auch der Verzicht auf sofortige Bedürfnisbefriedigung oder das Mitmachen eines jeden Trends. Schuldnerzentralen beklagen heute bereits die teilweise Überschuldung von Jugendlichen durch exzessiven und falschen Handykonsum und andere Kostenfallen.

Zur monetären Grundausbildung gehört einfaches Wirtschaftsrechnen wie Prozentrechnen und Dreisatz. Daneben sollte ein Bewusstsein für einfache Finanzgeschäfte wie dem Vergleich eines Ratenkaufs zu einer Kombination aus Ansparen und späterem Kaufen sein. Der Umgang mit Banken über die Grundfunktion eines Girokontos inklusiv des damit verbundenen Zahlungsverkehrs und seinen Kosten ist ebenso Pflicht wie ein Überblick über das derzeitige Zinsniveau für Guthaben wie auch Dispokredite.

Das alles ist kein Hexenwerk. Der Spruch an die Kritiker der alternativen Szene in den 80er Jahren: „Wozu Atomkraftwerke, der Strom kommt doch aus der Steckdose" könnte heute für so manchen Jugendlichen umgeschrieben werden: „Wozu Banken oder Arbeit, das Geld kommt doch von den Eltern." Dagegen ist die Jugend durchaus reif genug. Wie die aktuelle Shell-Jugend Studie zeigt, macht sich der Nachwuchs durchaus schon Sorgen, ob er einmal sein Auskommen hat. Hier gilt es, Interesse zu wecken, Entscheidungshilfen beziehungsweise Lösungen aufzuzeigen und vorzuleben.

Selbst in Schulen wird dem Finanzanalphabetismus wenig entgegengesetzt. Die Lehrbücher sind oft veraltet. Da wird immer noch die Staatsanleihe und das Festgeld als die sichere Anlageform verkauft.

Und die höheren Semester lernen unreflektiert Theorien von Smith, Keynes oder Markowitz. Themen wie verhaltensorientierte Finanzökonomie oder Freigeldtheorien fehlen völlig.

Die Finanzkrise hat uns gezeigt, dass im aktuellen monetären System Konstruktionsfehler sind, und die derzeit Verantwortlichen flicken lieber das Modell wie einen alten Fahrradreifen als ihn zu erneuern. Angebote von Finanzberatern und Produktanbietern sind nicht selten grenzwertig und mehr zum Nutzen der Konzeptionäre als zu Gunsten der Anleger. Aber kann uns ein Gesetzgeber wirklich davor schützen? Die klare Antwort ist Nein. Jeder von uns hat aber die Chance, durch Finanzbildung und Anlegermündigkeit sich selbst zu informieren und schlau zu machen. Das ist genauso, wenn der Staat hohe Strafen auf Einbruch und Raub verhängt, wir aber in unserem Haus die Tür sperrangelweit offen stehen lassen, wenn wir in den Urlaub fahren. Ein Sprichwort heißt, dass Gelegenheit Diebe macht. Und uns nicht zumindest Grundkenntnisse in Gelddingen anzueignen, ist genauso grobe Fahrlässigkeit wie die offene Tür.

Insbesondere in Deutschland gibt es Vorurteile gegenüber verschiedener Anlageklassen. Die nahezu Hörigkeit gegenüber dem Staat und dem Bankensystem spiegelt sich in dem blinden Vertrauen in deren Produkte wie festverzinsliche Wertpapiere, Staatspapiere und Zertifikate wider. Aktien, aktienorientierte Investmentfonds, Sachwertfonds und alternative Assetklassen stehen unter starken Vorbehalten. Wer jedoch die großen Vermögensverwalter wie die Universitätsfonds von Yale und Cambridge oder den norwegischen Staatsfonds betrachtet, wird sehen, dass auch diese von der Finanzkrise betroffen waren, aber durch renditeorientierte Bausteine schnell wieder Verluste ausgleichen konnten. Das gilt natürlich immer nur für einen Teil des Portfolios, um ein ausgewogenes, sehr persönlich zu definierendes Verhältnis zwischen Sicherheit und Risiko zu wahren. Wie schreibt Ruediger Dahlke in seinem Buch „Psychologie des Geldes" so schön: „Die meisten Leute wählen lieber Unglück als Unsicherheit. Versuchen sie es umgekehrt, denn Unsicherheit bietet Chancen."

Die Zeit der Unkenntnis ist vorbei. Jetzt gilt es, Finanzkenntnisse aufzurüsten.

Prozess der Geldschöpfung wird in Wikipedia wie folgt beschrieben:

Die Ausgabe von Geld an die Bevölkerung eines Währungsraums wird **Geldschöpfung** genannt. Auf einer theoretischen Ebene kann man zwei unterschiedliche Arten von Geld unterscheiden. Zum einen das Zentralbankgeld, das von der Zentralbank geschaffen (geschöpft) oder vernichtet wird; hierzu zählt auch das Bargeld. Zum anderen Bankengeld, das durch die Kreditinstitute geschaffen (geschöpft) oder vernichtet wird, wobei es sich genau genommen nur um Geldforderungen handelt, die auf Bargeld lauten, jedoch ihrerseits genau wie dieses als Zahlungsmittel benutzt werden können.

Gebot 9

Kauf nicht, was Du nicht verstehst!

*„Wer aber in Unkenntnis aller Wissenschaft lebt, handelt kraft
seiner natürlichen Klugheit besser und edler als diejenigen, die
entweder selbst falsche Schlüsse ziehen oder den falschen Schlüssen
anderer vertrauen und sich so falschen und widersinnigen Regeln
unterwerfen."*

Thomas Hobbes (1588-1679), Philosoph und Staatstheoretiker

Wenn man heute die Finanzwirtschaft beobachtet, trifft man immer
auf ein Phänomen. Ganze Anwaltskanzleien – sogenannte Anleger-
schutzanwälte – haben sich darauf spezialisiert, Falschberatungen
aufzudecken und Schadensersatz durchzusetzen. Grundsätzlich ist
das legitim. Aber jeder Anleger sollte sich selbst mit gesunden Menschenverstand hinterfragen, ob er wirklich nicht etwas gekauft hat
oder sich aufschwatzen hat lassen, dass er gar nicht verstanden hat.

Hätte er zum Beispiel den Unfallwagen vom Gebrauchtwagenhändler wirklich gekauft, als man als potentieller Käufer die Schweißnähte im Motorraum gesehen hat. Hier hindert normalerweise ein ungutes Bauchgefühl vor einem Abschluss. Diesen gesunden Menschenverstand – Thomas Hobbes nennt es die natürliche Klugheit – muss ein Anleger auch in Geldsachen entwickeln. Eine zweistellige Rendite ohne erhöhtes Risiko ist nicht möglich. Aber genauso ist falsch, dass die Verbraucherzentralen seit Jahren predigen, alles über fünf Prozent Rendite ist unseriös. Es kommt, wie inzwischen mehrfach betont auf die Mischung, Streuung und Diversifikation an.

Aber diese Fehler passieren nicht nur Laien. Auch Profis – oder solche, die sich dafür halten – sind davon betroffen. Hier ein medial bekannt gewordenes Beispiel:

Im Frühjahr 2011 war es wieder einmal soweit. Der größten deutschen Bank wurde Falschberatung durch ein deutsches Gericht attestiert, weil sie über eine Anlageform einer Zinswette für deutsche Kommunen vermeintlich nicht ausreichend genug beraten hatte. Die Kämmerer von Städten wollten sich Zusatzeinnahmen sichern, herausgekommen ist das Gegenteil. Soweit die Zeitungsmeldungen Ende März / Anfang April 2011.

Lassen Sie uns doch einmal die Sache aus der Sicht von uns Bürgern und Steuerzahlern sehen. Eben diese Kämmerer verwalten seit Jahren das Vermögen der Städte und behaupten, dies gut und im Sinne der Bürger zu tun. Man dürfte meinen, dass es sich um Finanzfachleute handelt, die wissen, was eine Zinswette für Auswirkungen hat. Sie schließen ja auch Verträge in Millionenhöhe beim Bau von

Gebäuden oder bei der Verwaltung von Sozialeinrichtungen ab. Und diese kommunalen Spitzenbeamten behaupten jetzt, sie hätten diese Zinswette als Anlageprodukt nicht verstanden, ähnlich wie die „Oma" von nebenan. Wie kompetent sind diese Beamten eigentlich? Und selbst wenn sie angeblich von der Bank über den Tisch gezogen worden sind, dann erwarte ich von diesen kommunalen Fachleuten, dass diese bei einem begründeten Zweifel die Anlage gar nicht erst zeichnen, insbesondere wenn die Kämmerer diese Anlage scheinbar nicht verstanden hatten. Wenn nämlich die Zinswette zu Gunsten der Kämmerer gelaufen wäre, hätten diese sich als Retter der Finanzhaushalte feiern lassen. Aber am eingetretenen Ergebnis sieht man, dass das bei Erfolg nicht Können bzw. Wissen, sondern das Glück des Dummen gewesen wäre.

Dies ist eine beispielhafte Geschichte über die Kompetenzfreiheit von politischen Führungskräften im Beamtenapparat Deutschlands. Die Reihe solchen Versagens ist lang: Landesbankdesaster inklusive Hypo Alpe Adria Bank, Verschwendung von Steuergeldern, angebliche alternativlose Eurorettung, bei der der „Hair-Cut" von vorneherein feststeht.

Sie als Anleger sollten nicht kompetenzfrei sein. Anders als im Falle der Kämmerer geht es nämlich um ihr eigenes Geld. Mit wenigen Grundregeln und einer gezielten Fragentechnik kann man jedes Produkt soweit auch als Laie durchleuchten, um eine Entscheidung zu treffen. Und es bleibt auch bei diesem Gebot dabei. Der Anleger soll, nein muss sogar die Entscheidung über die Produkte, die er kauft, treffen. Und dann braucht man auch keinen Anlegerschutzanwalt und ein langes Verfahren, um sein Geld vielleicht irgendwann zurückzuholen.

Deshalb gilt: Gesunder Menschenverstand und eigenes Finanzwissen vor Anlegerschutz.

Anlegerschutz wird in Wikipedia wie folgt definiert:

Anlegerschutz bezeichnet die Gesamtheit der Bestrebungen und Maßnahmen, die Menschen in ihrer Rolle als Anleger schützen sollen. Die Annahme eines Schutzbedürfnisses beruht auf der Erfahrung, dass Anleger gegenüber den Anbietern von Geldanlagen „strukturell unterlegen" sind, das heißt infolge mangelnder Fachkenntnis, Information und/oder Erfahrung leicht benachteiligt werden können.

Anlegerschützer haben es sich zur Aufgabe gemacht, Anleger vor unseriösen Angeboten auf dem nationalen und internationalen Kapitalmarkt durch Information und Beratung zu schützen. Der Begriff Anlegerschützer ist nicht geschützt, das heißt jedermann kann sich als Anlegerschützer bezeichnen.

Gebot 10

Bleibe entspannt, denn Du kannst dich dem System kaum entziehen!

„Gelassenheit kann man lernen. Man braucht dazu nur Offenheit, Motivation, ein bisschen Ausdauer und vor allem Bereitschaft, sich von den alten, eingefahrenen Bahnen zu lösen, in denen unser Denken und Handeln sich häufig bewegt."

Ludwig Bechstein (1801-1860), deutscher Schriftsteller und Apotheker

In das 1. bis 9. Gebot haben wir nun viel Wissenswertes gepackt. Diese Gebote sollen motivieren, fachlich nachzudenken, zu hinterfragen und nicht alles für bare Münze zu halten, was uns in der Finanzwelt so vergesetzt wird. Sie rufen zu mehr Eigenverantwortung und zu mehr Aktivität auf.

Das 10. Gebot ist eine Art salvatorische Klausel. Es soll unterstreichen, dass wir als einfacher Bürger auch an unsere Grenzen stoßen, staatliche Handlungen zu beeinflussen. Wenn sich die Inflation erhöht, dann ist das nicht der Weltuntergang. Und wenn wir etwas Geld verlieren, werden wir es anderer Stelle bei einem breit aufgestellten Portfolio wieder verdienen. Zu Zeiten der stabilen Deutschen Mark war die Inflation schon wesentlich höher als heute. Und wenige regten sich auf. Psychologisch ist dies aber das schwierigste aller Gebote. Neurowissenschaftler haben herausgefunden, dass uns Verluste und Misserfolg um ein Vielfaches mehr im Gedächtnis bleiben, als Gewinne und Erfolg. Viele unserer Entscheidungen treffen wir nicht rational sondern emotional. Fragt man beispielsweise einen Angestellten, ob er lieber 500 Euro mehr Gehalt bekommen will, wobei seine Kollegen keine Aufstockung bekommen, oder 1.000 Euro und seine Kollegen bekommen alle 1.500 Erhöhung, wird er sich emotional für die 500 Euro entscheiden. Wenn wir uns solche Prozesse bewusst machen, steigern wir meist unsere Gelassenheit ebenso wie die Zufriedenheit!

Aber ein noch viel grundsätzlicherer Punkt sollte Beachtung finden. Ein Podiumsteilnehmer auf dem alljährlichen Europäischen Geldforum „Sinn & Invest" in Landshut hat es so formuliert: „Das stärkste persönliche Mittel gegen einen möglichen Zusammenbruch des Euros und der Finanzwelt ist eine gute Bildung und ein funktionierendes Netzwerk. Denn zu allen Zeiten bestand die Möglichkeit, dass Geld seinen Wert verliert. Es zählt die Fähigkeit, persönlich wie auch institutionell, nach einem Zusammenbruch immer wieder neu anzufangen."

Daneben hat jeder Anleger die Möglichkeit, allein durch die Art der Anlage Zeichen zu setzen. Heute gibt es Nachhaltigkeitsbanken wie die Bochumer GLS, die Frankfurter Triodos, die Ethik-Bank und zahlreiche kirchliche bzw. ökologisch geprägte Finanzinstitute. Dort erwartet den Kunden eine meist kundenorientiertere Betreuung. Aber auch Investmentfonds, Aktiengesellschaften und Sachwertfonds haben den Trend der Zeit erkannt und reagiert.

Wer dem Steuersystem legal entsagen möchte, muss in den sauren Apfel der Auswanderung greifen. Ob er dann glücklicher ist, bleibt dahingestellt. Steuerhinterziehung ist keine Alternative. Die heute durch die fragwürdigen Steuer-CD-Käufe aufgedeckten Fälle zeigen, dass es dann für den Steuerpflichtigen mit Ruhe und Gelassenheit auch vorbei ist – von ethischen und sozialen Gründen einmal ganz abgesehen. Und wie sagte J.K. Rowling in einem FTD Interview über das Thema Geld: „Man trifft eine fundamentale Entscheidung, ob man sein Leben vom Geld regieren lässt oder umgekehrt." Sie tut sich zwar sicherlich leichter, so etwas zu sagen, aber wenn man die persönliche Geschichte der Autorin kennt, erkennt man, dass sie es ehrlich meint!

Kurz gesagt: Als Investor entscheidet man selbst, über wen und was man sich aufregt.

Schlussgedanken

All diese Gebote dienen nur einem: Sie als Anleger sensibel zu machen für die Widrigkeiten des Marktes.

Ich bin dagegen, Banken zu verteufeln. Die meisten Banker an der Front machen nur das, was ihnen von oben verordnet wird. **Aber wir als Anleger brauchen es ja nicht kaufen.**

Ebenso ist es bei Politikern. Die Mehrheit der Wähler will die Wahrheit nicht hören. Das würde Sparen, Kürzungen, Steuererhöhungen und Subventionsabbau heißen. Da ist es doch einfacher, die Umverteilung zu besingen. Die starke Schultern können es ja tragen!?! Wenn man sieht, wie die Bundestagsabgeordneten Wolfgang Bosbach (CDU) oder Frank Schäffler (FDP) nach ihrer Weigerung für die Griechenlandrettungspakete zu stimmen, angegangen – ja gar geächtet – wurden, kann man ein kritikfreies Mitlaufen vieler Hinterbänkler fast schon verstehen. **Aber wir Anleger brauchen ja nicht glauben,** was uns die Politik verspricht.

Und wenn in den Medien vom Zusammenbruch des Währungssystems geschrieben wird, dann ist es immer gut, auch im Internet mal die Gegenmeinung zu suchen. Dann gilt es abzuwägen. Dem Publizisten Friedrich Sieburg zufolge basiert das katastrophische Lebensge-

fühl auf einem psychologischen „Angstlust" -Effekt: „Die Weltunter-
gangsstimmung durch scharfe Analysen ins allgemeine Bewusstsein
zu heben und sie gleichzeitig auch noch zu genießen, gehört zu den
Lieblingsbeschäftigungen des Menschen von heute." Publikumsmedi-
en und Talkshows bringt diese „Angstlust" ganz einfach Auflage. Auch
das ist in der Marktwirtschaft legitim. Das Wort Super-GAU ist das
Bild dafür. Ist GAU schon die Abkürzung für größter anzunehmender
Unfall, was ist dann ein Super-GAU? **Aber wir als Anleger müssen
lernen, zwischen den Zeilen zu lesen!**

**Anlegermündigkeit und Wissen um die wahren Zusam-
menhänge wirken diesem Phänomen entgegen. Deshalb
unser Credo gegen monetäre Demenz:**

Wir entscheiden selbst und autonom, im Bewusstsein unserer Beein-
flussbarkeit und Emotionalität.

Wir schieben die Schuld nicht primär auf andere, sondern tragen Ver-
antwortung für unser monetäres Handeln.

Wir bilden uns regelmäßig und lebenslang in Sachen Geld weiter.

Wir tragen Sorge, dass auch die kommende Anlegergeneration, ob
unsere Kinder, Schüler, Studenten oder junge Nachwuchsmanager,
nachdenkt über das Thema Geld.

Der Philosoph im Präsidentenamt drückt es so aus:

„Vor allem dürfen wir nicht die Geduld verlieren, nicht durchdrehen, nicht hysterisch werden", so Gauck, bei einem Fernsehinterview mit Maybrit Illner Ende September 2012 zum Thema Europa, über das in der Zeitung „Welt" berichtet wurde. *„Es könne auch mal ein Ende des Wachstums kommen, es könne tatsächlich mal etwas kosten, eine Wohlstandsdelle geben in Europa. Doch die EU ist auch dann der lebenswerteste Raum, den es überhaupt gibt wegen dieser Freiheit, dieser Demokratie."*

Treffender kann man die Aufforderung zur Gelassenheit und die realistische Einschätzung des Kommenden für Bürger und Anleger nicht ausdrücken.

Der Autor:

Edmund Pelikan war nach seinem Abitur und einer finanzwirtschaftlichen Ausbildung zunächst in diversen Banken tätig. Seit 2000 arbeitet er als Wirtschaftspublizist, Experte für Anlegerpsychologie und Finanzfaktenkontrolle sowie als Unternehmensberater. Schwerpunktthemen seiner Arbeit sind Sachwertanlagen, nachhaltige Geldanlage, Finanzpolitik sowie Neurofinanz.

www.unitedcommonsense.de

Think Tank, Geldschule und Netzwerkclub für ein anderes Banking

www.sinninvest.de

Europäisches Geldforum Sinn & Invest

www.beteiligungsreport.de
Newsportal rund um geschlossene Fonds

www.andersinvestieren.de
Newsportal rund um nachhaltige Geldanlagen

Weitere Bücher des Autors:

AndersInvestieren - Einführung in
die nachhaltige Geldanlage
ISBN:
  Print: 978-3-937853-07-9
  E-Book: 978-3-937853-13-0
Preis: 29,90 Euro

BeteiligungsKompass 2012 -
Handbuch für geschlossene Fonds
ISBN:
  Print: 978-3-937853-11-6
  E-Book: 978-3-937853-12-3
Preis: 59,80 Euro

Die Fuggergilde -
Der letzte Schachzug
ISBN: 978-3-837097-23-8
Preis: 12,90 Euro

Das moderne Artus-Prinzip -
Praktische Erfolgsgeheimnisse
für die junge Elite
ISBN: 978-3-833494-91-8
Preis: 14,90 Euro